Patricia Gunkel
Mohnasche

Patricia Gunkel

# MOHNASCHE

Gedichte 1990–1995

## WAS AUCH GESCHEHEN MAG

Was auch geschehen mag,
ich liebe dich,
meinen Sohn im Felde.
Die Sonne senkt sich
über deine Gestalt
und dein Kleid ist blütenweiß.
Was auch geschehen mag,
mein Sohn,
der Vater sitzt am Wolkenrand.

Was auch geschehen mag,
ich führe dich,
meinen Sohn, durch die Wüste.
Die Steine, unser täglich Brot,
der stumme Schall
lagert in unserer Hand.
Was auch geschehen mag,
mein Sohn,
der Vater steht am Wegesrand.

Was auch geschehen mag,
ich halte dich,
meinen Sohn, in der Schwebe.
Die Krüge stehen bereit,
sie bergen Leben
und sie bergen Freude.
Was auch geschehen mag,
mein Sohn,
der Vater betrat den Raum.

**DEZEMBERKINDER**

Sie kennen
das matte Licht des Übergangs,
weißes Grau, sterbender Schwan,
den sich die Nacht einverleibt.

Der Nachmittag
lebt nur zwei Stunden,
kurzer Aufenthalt des Glücks,
transitorischer Augenblick
im großen Meer der Zeiten.

Und immer
wendet sich das Blatt,
und immer
betreten sie Schwellen ins Namenlose
und hoffen
auf die Glut unter der Asche
und den Flügelschlag,
den weit ausholenden.

## JANUAR 1991

Im Golfkrieg

Wir entlarven den Januar
und fürchten den Februar:
die Weihnachtsbotschaft
auf den Kopf gestellt,
in Brand gesteckt.
Zions Tochters
gekreuzigte Arme.
Der angehaltene Atem der Welt
vor dem nächsten Schlag,
bläst er aus den Feuerhauch?
Falscher Januar,
dumpfer Februar.
Die Lagune erstarrt,
die Masken sind todtraurig.
Wir sterben
zentimeterweise
in den Armen des alternden
Jahrhunderts.

## FRÜHJAHR

Stilles Rauschen der Zeit.
Die ersten Zweige, schöner Augenschein,
neigen sich uns zu.
Der Wind ist uns gewogen,
er hat seine Hand
im zarten Saitenspiel.

Das Jahr
wechselt seine Gesichter
und trägt die duftende Kunde
von neuerlichem Glanz
und frühem Licht.

Die Kinder
wachsen und verlassen
den einsamen Hort.
Dumpf und dunkel
war der Winter,
wenn er dich
aus seiner Umklammerung entläßt.

## ROSEN

Rosen such' ich,
Rosendüfte,
Rosenhaut,
Rosenträne.
Mit den Rosen
bin ich dem sanften Abgrund
einen Schritt näher
und atme ein,
was mir sonst verborgen,
was die Hand nicht erhascht,
und die Zunge nicht trägt.

Rosen
reißen mir die Haut auf
und machen mich schwindeln.
Es glänzt
im falschen Widerschein
der gläserne Tropfen,
der tief
in der Stimme meines Herzens
unerhört zersplittert.

## KIRSCHBAUMBLÜTEN

Kirschbaumblütengroß,
kirschbaumblütenhell
ist des Frühlings
sanfte Fürsorge,
wenn er die Farben neu auflegt
und die Töne neu mischt.

Nicht der Flamingos
laszives Rosa,
von Rilke in beredtes Gold eingefaßt,
noch das Wangenrot
junger Mädchen à la Fragonard;
allein die Kirschbaumblütenfarbe
im Ausschnitt meines Fensters
berührt mich und meine Haut,

Kirschbaumblütenträume
spinnt die Erde,
wenn sie ihren Kindern
den heiligen Reigen eröffnet.
Kirschbaumblüten
in der Farbe des neugeborenen Tages.

**ES SCHMECKT SO BITTER**


Es schmeckt so bitter,
bitter und salzig,
unser Glück,
mißgestimmte Elegie,
zerstoßene Apfelblüte
im eisigen Hauch
des letzten Heiligen.
Es schmeckt so bitter,
jenseits der Berge zu wohnen,
wo Milch und Honig fließen.

Es schmerzt ein wenig,
dich zu tragen,
Kind einer nie
enden wollenden Geburt.
Es schmerzt ein wenig,
nur meine fragenden Finger
ins Elysium zu halten, wo deine Schritte
wie von ferne herüberschallen.

Es rührt an die Seele,
Dich, niemals
liebverlorenes Kind,
die Steine brechen zu sehen
mit einem Lachen
aus Gottes goldenem Mund.

**WECHSELREDE**

Wir geben uns die Hand.
Eine schlägt aus.
Längenunterschied?
Größenunterschied?
Höhenunterschied?
Wir wechseln Worte,
scharf wie Honig.
Wir haben sie gepachtet,
die Sprache;
die Sprache des anderen?

Wir kennen sie,
die Schlingen,
die gefährlichen,
die verführerischen,
die umgänglichen,
die einem den Hals zuschnüren,
wenn man nicht aufpaßt.
Wir bringen unsere Biographie ein,
die uns am Herzen liegt
und halten uns auf
bei einem Wort, einer Geste,
einem Halblaut.
Wir nehmen Abschied
mit einem lachenden
und einem weinenden Munde.

**IM MAI**

Der Mai verdöst sein Ende.
Verheißungsvoll und junistark.
Flirrende Hitze.
Vogelgeschwader im hohen Geäst.

Zwischen den Baumkronen
aufgespannt,
hängt tadelloses Blau.
Das holst du dir.
Mit dem Auge,
das schläfrig zurückblinzelt.

Eine Handvoll Blau.
Ein Stückchen Grün
und das gleißende Gold,
daß das Laub durchsetzt.
Aufgehoben für die wilderen Tage,
für den Sturm,
für die unbehausten Zeiten,
in denen dein Lächeln gebricht.

**VOGELZEICHEN**

Die Zielstrebigkeit
der Schwalbe.
Der Opfermut
des Pelikans;
der gemessene Flügelschlag,
die Geste wilder Verzweiflung.

Die Beharrlichkeit
des Spechts.
Die Wiederauferstehung
des Phönix;
das emsige Wiederholen,
die Kraft zum Neubeginn.

Wo Himmel und Erde
sich begrüßen,
werde ich
am Scheideweg stehen.

**CARPE DIEM**

Den Sommer trinken
in langen Zügen.
Die dargebotene Schale
reicht von einem Himmelsbrand
zum anderen.

Die Blüten wetteifern
um die Gunst dieses Sommers.
Im unterschiedslosen Grün
möchte man still untertauchen.
Horch, einen Pulsschlag lang
hört die Welt auf zu sein,
und die Zeit spricht für sich.

**SEEROSEN**

Seerosen,
nimphéas,
nénuphars.
Ein Leben lang
Seerosen auf der Oberfläche,
die zitternd Dunkles birgt.
Stumme Schalen
öffnen und verschließen
ihr wundersames Herz.
Rosenfarbenes
in Gold getaucht
und in falsches, neuerliches Blau
übergeführt,
verschwimmt ins Seelenlose.

**SOMMER**

für Thomas

Haut an Haut
den Sommer genießen.
Deine Augen
haben aus dem Himmel getrunken,
und Deine Haare
erwidern den goldenen Schein.

Deine stumme Sprache
bildet neue Leute,
die in fremden Kehlen versickern,
und Deine Finger,
biegsam geworden,
haben an ein großes Geheimnis gerührt.

Einen Sommer lang
wollen wir
den Garten unseres Lebens durchschreiten,
mit verschränkten Händen,
und ohne dem Zorn zu verfallen,
den eine Himmelslaune verwischt.

**WORTE**

Die Worte wiegen zu schwer.
Sie lasten
auf einem azurblauen Streifen,
der sich nicht
in Rosenfingriges verwandeln will.
Sie schmecken
und sie riechen nicht;
die volle, obstsüße Reife
eines fortgeschrittenen Sommers
entgeht ihnen,
ebenso wie der
blättrig-herbe Atem
erster Herbsttage.

Sie verfaulen nicht
am Rande eines ersterbenden Sommers.
Ungerührt lehnen sie an den Herbst,
kühles Metall, raschelndes Blattwerk.

Die Worte
wollen sich behaupten
und brauchen Platz.
Raumgreifend
wachsen sie in dich hinein
und höhlen aus
das Schweigen
und die Stimme,
die von jeher raumfüllend waren.

**MEINE TOCHTER**


Meine Tochter
ist mir immer
um eine Nasenlänge voraus.
Fängt aus heiterem Himmel
den goldenen Ball,
fischt ihn heraus
aus trüben Teichen,
dort wo
die namenlosen Fische hausen.

Meine Tochter
hat ein wiedergeborenes Antlitz,
in dem
sich Vater und Mutter treffen,
aber ihr Haar,
das nie dagewesene,
flattert den Elfen entgegen.
Das wurde wohl
vor meiner Zeit gewoben.

Meine Tochter
übte nie Verrat
am Blau meiner Augen,
noch an meiner Glückseligkeit;
doch bei ihr
ist alles so unermeßlich.
Meine Tochter
wird den Sprung wagen,
immer wieder, immer wieder.

**EIN TAG IM TESSIN**


Fließendes Grau,
sprechende Steine.
Die Sonne geboren
hoch oben,
wo die Häupter
sich berühren.
Einsamkeit:
hier ein besonderer Schriftzug.
Ein altes Wort,
immer wieder geborgt
von leichter Hand.

Das Lächeln der Geranien
um die Mittagszeit.
Die Ahnung,
irgendwo hinter den Bergen,
die Befreiung der Seen,
die Entfesselung der Schluchten.
Das Licht
jagt dich zurück,
weit hinter das hermetische Grau.

**TESSIN**

Das Auge des Südens.
Wenn es trinkt
die Schönheit
und das Schweigen,
dann blühen Zypressen
und Steine,
blank und weiß,
und grüne Wasser
hinterlassen
der Frager staunend,
schaumlos.
Grau, die Spur,
die in dir fortwirkt,
unter geballtem Astralgelb,
grau, zeitlos.
Im Schatten deiner Hand
verbirgst du
das unbedachte Wort.

\* \* \*

Wenn du alleine bist,
wenn dir nichts einfällt,
wenn die Rose
den Duft verweigert
und das Licht
den Schleier nimmt,
dann lehne dich zurück
und gedenke des akribischen Blaus,
des Thymians und des Rosmarins,
unsichtbar im grünen Gewand
und lockend,
Splitter in deinem Gehirn
und unter der Haut.

Wenn der Tag
nicht zur Ruhe kommen will
und die Welt lärmend in dir fortbesteht,
dann schließe die Augen
und gedenke der Stille,
summend und brennend
in Pans ruhenden Armen.
Unter dem Augenlid setzen ein
die emsigen Streicher,
die den Sommer zurückerinnern.

Wenn das Leben
dir ein klares Morgen vorenthält,
wenn die weiße Lilie
zu sanftem Staub zerfällt,
und du dir nicht mehr begegnen möchtest,
dann halte inne
und gedenke des Gestern,
als leichtes Spiel
dir leicht in die Hände fiel,
als Morgenrot und Abendrot
den Tag noch umfingen,
glänzend und rein.

## IMMER WIEDER

Immer wieder
den grünen Klee loben,
feinblättrig und zart
und auf den Flüsterton
des Windes horchen,
der die Stimme nicht erhebt.

Immer wieder
im sachten Abendrot
eine Handschrift lesen,
die mir mal
bekannt vorkam.
Immer wieder
das Heute veräußern
für ein nie dagewesenes
Morgen.

Immer wieder
gratwandern
zwischen dem Ich,
dem unauslöslichen
und dem
unbeantwortbaren Himmel.

**SEPTEMBER**

Blaubeerendunst.
Filigranes am Werk.
Laub, besonnen und licht.
Stilles sich Verabschieden.
Der Tag braucht nun länger
um geboren zu werden
und stirbt den frühen Schattentod.

Keine verschwendete Natur mehr.
Leises Zurücktreten
der Feuerknospen.
Sie streifen die Hüllen.
Nun nimmt die Welt
den Schleier und wird
septemberblau, septemberkühl.
Der Himmel ist nicht mehr
einmalig.

## FREILICHTMUSEUM

Versteinerte Zeit.
Kopfschüttelnd gebeugt
über die gute alte.
Schiefergrau;
doch im Gärtchen
leuchten die Lupinen
und der Rittersporn,
eine Handvoll Wicken.
Eingezäuntes Glück.

Gerätschaften
possierlich angeordnet;
die Wände gepflastert
mit den Spuren
stillschweigender Vergangenheit.
Ein Guckloch zur Welt
nimmt gelassen Blicke auf,
die nicht
zurückstrahlen.
Der Effekt: postkartengroß.

**DIE KINDER SIND IMMER DA**


Die Kinder sind immer da.
Sie hängen dir
vom Himmel den Mond ab,
durchscheinende Sichel
in der Höhle deiner Hand.
Sie lauschen dem Gras,
wie es wächst
und dürstet.

Die Kinder sind immer da.
Sie holen dich zurück,
in einen Winkel,
in dem es still geworden,
in dem man nur verschämt
hineinleuchtet.
Sie holen dich zurück
und du trägst
Erde in den Taschen.

Die Kinder sind immer da.
Sie wachsen in deine Tage hinein
und durchstöbern deine Nächte.
Sie wachsen und beherrschen,
wachsen und beherrschen,
bis daß der Mond sich wendet,
vollmundig und ratlos.

## HERBSTSCHAUDER

Der Wind
mag dich streicheln,
die Luft
schmeckt herb und prickelt.
Die Kastanien leuchten.
Doch in deinem Herzen
wohnt ein Feuer,
das kein Fremder angezündet.
In deinen Augen
lebt ein Licht,
das keiner Erwiderung bedarf.
Du wirst die langen
Abende lieben,
die ihre Schatten
nicht vorauswerfen
und dich zurückholen
in die sanfte Obhut des Selbst.

## GRAN CANARIA

Novembermild.
Aus dem Regen in die Tropen.
Bougainvilleas, kardinalfarben,
und der Hibiskus,
in bestechendem Orange,
vertragen sich aufs Beste.
Die Palmen wedeln
dir seliges Vergessen.
Der Himmel
gebietet gute Laune.
Gleichmütig
erträgst du die Landschaft:
geheimnislos schweigende Haine,
Dünen, die sich
dem Meer ergeben
und deinem Auge entfliehen,
dem sanften, dem forschenden.

**DAS MEER**

Ich traue dem Meer nicht,
noch weniger seinem Schaum,
den es immer wieder zurückhält.
Die Sonne brennt mir
Lügen ins Gehirn
und reißt, messerscharf,
die kühlende Wolkendecke wieder auf.
Ich traue dem Wind nicht,
der sich verstellt
und den Sand liebkost,
flüchtig oder wütend.

Ich befrage lieber den Flug
der Möwe,
sie trägt Geschichten
wie von ferne.

## SO ETWAS WIE GLÜCK

Durchscheinend, durchlässig,
porös, antistatisch,
geladen, elektrisiert.
Ein Flug, ein Wort,
ein Schwert, ein Blitz
ins Niemandsland.

Kryptisch, umfassend,
einsprachig, weltsprachig,
zentrisch, entgrenzend,
unfaßbar, gefaßt.

Wenn es verrauscht,
brennt es im Herzen,
wenn es schmerzt,
ist es nicht mehr da.

**NICHTSAHNEND**


Nichtsahnend
verfällst du dem schönen Schein
und der lautlosen Gewalt,
die anderen angetan.

Nichtsahnend
knickst du die Rose ab,
die seit tausend Jahren
spricht
und achtest nicht
der Dornen.

Nichtsahnend
stehst du im Wind,
und dein Tag
zerfällt zu sanftem Staub.

**SEEROSEN**

Die Seerosen sind erfroren.
Die Seerosen sind gestorben
den wortlosen Tod.
Gedanken wie Goldstaub,
Gedanken so schwerwiegend
und nichtig.
Ich halte die Spur fest,
rosenfarben und golden und blau,
wenn ich nun jenseits
der Seerosen wohne.

## MEIN SOHN IN DEN KINDERSCHUHEN

Mein Sohn
in den Kinderschuhen,
bleibe nur drin, bleibe nur drin.
Draußen geht ein Wind,
der verheißt nichts Gutes,
der verheißt nichts Gutes.

Mein Sohn
in den Kinderschuhen,
überall magst du stolpern,
überall magst du fallen.
Die Sonne wechselt ihr Antlitz,
und der Mond trügt so gerne
im Wolkengefolge.

Mein Sohn
in den Kinderschuhen,
mit den Menschen ist nicht gut
Kirschen essen.
Mit den Menschen
habe ich gebrochen vor langer Zeit.
Mein Sohn
in den Kinderschuhen,
höre diese Weise,
in meinen Armen magst du ruhen.

\*\*\*

Wenn der Mohn
zur Asche geworden ist,
suche ich mein Lachen,
irgendwo, nirgendwo.
Es zerrinnt,
Salz auf der Haut,
sickert durch,
nistet sich ein,
findet zurück irgendwie.
Der Mohn, großer Kuß
des Lebens:
in seinem Schatten lustwandeln,
seine Haut berühren.
Der Mohn, riesig, rot,
offen und bereitwillig.
Der Mohn schenkt mir
das Leben zurück.
Wenn der Mohn
zu Asche geworden ist,
senkt sich mein Lid
schwer von unlauteren
Träumen.

**MEIN HAUS**

Mein Haus
über den Wolken,
mein Haus
in der Waldesschlucht,
mein Haus,
eckig und rund.

Das Haus der Droste-Hülshoff.
Licht fällt ein
zu jeder Tageszeit.
Ihr Haus, hoch oben
über dem glasklaren Spiegel.

Wenn es brennt, mein Haus,
lichterloh, im Fegefeuer,
und ich meine Haut abstreife,
die ungeliebte,
dann gedenke ich wieder der Droste.

\* \* \*

Immer wenn du stirbst,
fällst du aus meinen Armen
in einen schmerzenden Himmel,
der nichts war
als ein dunkler Schoß,
blinde Heimat,
sang- und klanglos.

Immer wenn du stirbst,
such ich den Mohn,
welk und faltig geworden,
ein Schatten seiner selbst;
suche den Kuß des Sommers,
aus dem wir getrunken,
ohne dem Herbst anheimzufallen.

Immer wenn du stirbst,
staune ich über
die Unvereinbarkeit unserer Leben.
Bist aus mir herausgewachsen,
kehrst dorthin zurück,
in einer eisernen Umarmung,
die dein Kuß besiegelt.

## KÄRTNER BLAU


Blau und grün,
grün und blau.
Der See ist ein großer Mund,
der nichts verrät.
Er nimmt mich, umschlingt mich,
doch gibt er nichts preis.
Der Berg steigt hinab
in den See.
Ein schöner Spiegel,
über Jahrhunderte hinweg
stille Vereinigung.
Der See, die Berge
sprechen ihr Blau, ihr grünes Blau,
über ihnen das wandernde Blau
des Himmels,
der sich leicht öffnet
und wieder verschließt.
Alpenländische Nischen
nisten sich in tiefem Grün ein.
Irgendwo eine Stadt:
ihr barockes Ansehen,
die Arabesken eines um die
Jahrhundertmitte
stehengebliebenen Stils.
Das Auge gleitet
an den Fassaden entlang.
Man erwartet Glockengeläut.

**MEINE TOCHTER**

Meine Tochter,
dein weißes
und dein schwarzes Gesicht,
mein schwarzes
und mein weißes Gesicht.
Wir lieben den Mond,
der ab- und zunimmt,
in den wir uns einhaken,
komplizenhaft scherzend.
Wir lieben den Garten,
der seine Kleider abwirft,
wenn ihm danach ist,
und die Vögel,
die uns den Abschied
ins Herz hineinritzen,
wenn die Bäume verstummt sind.

Wir lieben uns
und dich und mich.
Die Tage wiegen schwer,
sie lassen sich einfädeln
an einer Perlenschnur,
die du um den Hals trägst,
nicht so hoch wie dein Näschen
und nur ein schwacher Abglanz
deiner eroberungssüchtigen Augen.

Meine Tochter,
deine grauen Augen,
meine blau gebliebenen Augen,
sie hängen aneinander, eine halbe
Ewigkeit,
wie Spiegelbild und Licht.

**HERBST**

Im Dämmerlicht geborgen.
Die Kastanie
wirft ihr Fell ab
und nistet sich ein
in der stillschweigenden
Höhle meiner Hand.
Die Nebel, die aufsteigen,
aus meinen Gedanken
und zwischen den Bäumen,
drehen sich seit Menschengedenken.
Die Rebe verfärbt sich
und trägt verheißungsvoll die Glut
vergangener und kommender Tage;
das Laub hat sich klanglos
in schimmerndes Metall verwandelt.
Herbst in meinem Kopf
und in meinem Herzen.
Über den Stoppelfeldern:
keine leere Einsamkeit.

**DIE FRAUEN**

Die Frauen
stehen im orangefarbenen Licht.
Die Frauen
tragen das Leben,
ohne vom Leben getragen zu werden.
Die Frauen
sind der geschmeidige Zweig
im wechselnden Frühlingshauch.
Die Frauen
sind keine Türsteher.
Die Frauen
halten die Wacht.
Die Frauen
haben ihr Vertrauen
nach innen gekehrt.

Die Frauen
wispern in den Orkan hinein
und vertrauen auf die windstille Saat.

\* \* \*

Mein Leben ist wie Samt,
nach innen
und nach außen,
blutrot und nachtblau.

Im Flüsterton
teilt sich mir
der große Strom mit,
bevor sein Atem vereist.

Am Ufer bleibe ich stehen,
traumversunken
hinter den Weiden,
die mich zärtlich umschlingen.

Mein Leben ist ein Abdruck
dessen, was einmal war,
langer Erzählungen,
schweigend und monochrom.

Es zerbricht nichts mehr,
es fließt unaufhörlich
in das blauende Dunkel hinein.

**MELANCHOLIA**


Im November
bist du meine Gefährtin,
wenn die Blätter
uns verlassen haben
und die Freunde.
Wenn die Welt taub wird
und der Weg ins Freie
sich in Nebel auflöst.

Im November
flüsterst du mir seliges Vergessen
und versicherst mir,
wie gut du mir stehst.
Dein Haupt ist schwer geworden
in den vielen Jahren
stiller Nachdenklichkeit,
und dein Angesicht
zum hölzernen Abbild erstarrt.

Melancholia,
im Faltenwurf der Zeit
vergaß ich, daß
dein Lächeln glücklos ist.
Wenn die Lichter wieder angehen,
wirst du deinen Abschied
nehmen.

**JANUAR**

Die Bäume
haben nichts zu sagen.
Der Himmel
steht wie abgestellt
hinter klirrender Kulisse.
Die Gefühle
sind eingefroren,
die Weihnachtsbotschaft erloschen.
Neues nicht in Sicht.

Wir wünschen uns
einen blutroten Himmel,
das Gemurmel
der Gewässer zurück
und einen warmen Herzschlag
unter zerberstendem Eis.
Ich komme mir
kaum vereinzelt vor.

**AN MEINE TOCHTER**


Ich trage
ein schwarzes Federnkleid,
in dessen Faltenwurf
ich mich verberge.

Unter meine Fittiche
nähme ich dich gerne,
müßte ich nicht befürchten,
daß du mir
aus dem Nest entgleitest.

Wir üben den freien Fall,
doch immer wieder
fängt uns ein Etwas auf,
ganz zart gewoben,
unhörbar am Himmel befestigt.

**MEINE TOCHTER**


Meine Tochter
sitzt am Wolkenrand
und in den Bäumen,
Blütenschnee auf den Schultern.
Zwischen ihren Fingern
rinnt der Frühling
auf unsagbare Weise.

In den grünen Umarmungen
reift ein Traum.
Das Blau ist nicht gelogen,
und der Himmel
hat seine Grenzen entflochten.

Im Wasser
spiegelt sich ihre Neugierde.
Mein Kind,
trink nicht zu tief hinein,
die Augen gingen dir über.

**DER MOND IST UNS NICHT GEWOGEN**


Es liegt am Mond,
wenn wir uns streiten.
Sein bleiches Antlitz
schickt er in unsere Kammer hinein,
und bisweilen glänzt er
verständnislos
am zurückeroberten Himmel.

Hätte ich das Meer
rauschen hören müssen,
als du geboren wurdest?
Ich presse
die sanfte Muschel
meiner Sehnsucht ans Ohr,
bis es schmerzt,
doch nicht mal
das eigene Blut
höre ich rufen.

In mondklaren Nächten,
in Vollmondnächten
trete ich sinnend ins Freie,
und deine kleine Hand
hat den weißen Opal am Himmel
stillschweigend seines
nimmermüden Schleiers beraubt.

## ANNETTE AM UFER

Ich sehe Annette
am Ufer wandeln.
Sie reicht mir ihre
fehlbare Hand.
Die Weiden sind traurig
und des Vogels Gruß
erstickt der Wind.

Das wehrhafte Schloß
von wilden Rhododendren
umgarnt,
ist ein untrügliches Zeichen;
doch hier
wohnt der Bruder.

Annette im Medaillon,
retuschiert und in Unvergessenheit
gemeißelt.
Tausendmal wiederholst du dich,
doch unter besagtem Siegel
lodert ein stummes Feuer.

## DIES LAND IST MEIN LAND

Die Wucht der Geschichte
ausgehalten.
Fachwerk über Fachwerk.
Weinselig dröhnend.
Engpässe in die Vergangenheit.
Du erinnerst dich.

Bist keine bleiche Mutter.
Dein Antlitz wechselt
zwischen samtweichem Grün
und den schroffen Felsenmeeren.
Melibokus Zauberspruch.
Deutschland
hat ein altes, verwundbares Herz.

**RIVA DEL GARDA**

Häuser in Kreidefarben,
verstohlene Paläste,
nehmen die Sonne auf.
Der See, kühl zitternde Fläche,
schmeichelt.
Über das Land
hat sich sachte
ein sanfter Wind gelegt,
der den Atem noch zurückhält.

In den Gassen,
fernab der lärmenden Mitte,
hallt der vergessene Schritt der Geschichte.
Verona ist nicht weit
oder Venedig.
Wir harren
der huschenden Schatten,
die ihre Winkel nicht preisgeben.

Am Hafen
achten wir nicht des Dampfers,
der sich einen Weg in die Stadt schaufelt.
Für die Lautlosen
erwidert der Mond
den langen Gruß des Wassers
und wir lehnen still
an den Mauern des letzten Kastells.

**HERBST II**

Das Jahr
versprüht sein spätes Feuer.
Der goldene Hauch
des Monats Oktober
verkündet letzte Kraft,
feierliches Innehalten,
bevor wir auf der anderen Seite
der Welt versinken.
Die Ernte war gut,
die Einsamkeit
werden wir nicht scheuen.
Uns ziert kein glückloses Lächeln,
die Tage sind nicht trübe,
sondern verneigen sich
dem goldenen Ende hin.

\*\*\*

Du bist
mein einziger Traum.
Hart wie Kristall,
an dem ich mich verzweifelt schneide.
Darin ich mich
kommen und wieder gehen sehe.

Du bist
die ungeschriebene Geschichte
von Anbeginn an
bis zum letzten Tag.
Die Geschichte, die mich
jeden einzelnen Tropfen kostet.

Du bist
der mir zurückgespendete Schatten,
in dem ich nicht ruhen darf,
der mir die Haut versengt,
wenn er sich rasch zurückzieht,
und mir unverkennbar ein Mal ins Herz
brennt.

Du bist
wie eine eifrige Blüte,
die sich an meinem Herzen emporrankt,
stumm und doch beharrlich,
Du schenkst mir das Leben, blätterweise.

**WINTER**

Der Schnee
ist mein Verbündeter,
schwer
wiegt das Schweigen
auf den ausgedörrten Feldern.
Die Krähe bemißt
wägenden Auges
die ihr zugedachte Erde.
Sie kommt von weit her
und wählt
die mildere Kälte.

Weiß
ist mein Antlitz,
unverkennbar weiß,
doch die Krähe
trägt ihr mythenschweres Schwarz
nur nach außen.

Wenn abends
der Schnee erbrennt,
höre ich Schritte
krachen
und ich fliege bereitwillig
zu neuen Ufern.

## REGENSBURG


Die Sprache der Kirchtürme,
der Gesang der Glocken,
unablässig.
Tönende Ferne.
Die geduckten Arkarden,
puppenhafte Einblicke,
leuchtende Schaufenster.
Grau, das nicht unwirtlich,
sondern
die Spur verwitterter Jahre trägt.
Darüber
das schmelzende Antlitz
des Himmels.

Noch lange
verfolgen mich das geschmeidige Grau,
die Einladung bunter Plätze,
kleiner Cafés.
Nicht der Mensch, nicht das Wort.
Allein die aus Stein gehauene Geschichte.

Durch das Land fahren.
Die Schwestertürme suchen,
den Widerhall prüfen,
die Klangprobe machen.
Brücken und Gassen zählen,
den eigenen Schritt verlieren,
getragen werden
bis an den Rand
der flüsternden Donau.

**MEIN KIND**

Mein Kind
lies die Scherben auf.
Sie tun nicht weh.
Wir drücken
das zerberstende Eis an uns
und trinken und trinken
die Wut und die Liebe.

Mein Kind,
wir sind einen langen Weg
gegangen
und lesen die Spur der Steine.
Im Wald,
da ist es ruhig und dunkel
wie in Mutters Schoß.

Mein Kind,
hörst du
die Botschaften des Regens?
Er klopft und trommelt
und singt in tausend Stimmen
sein beharrliches Lied,
sein ewiges Lied.

**ABSCHIED**

(für Charlotte)

Die Scherbe
in meiner Hand,
eigentümlich.
Der Trauerrand,
versiegelt?
Letzte Woche war
die Sonne
in aller Munde.
Sie bestritt es energisch.
Heute
fällt leichter Schnee,
unerhört,
seit langem nicht mehr.

Sie blutet,
die Scherbe.
Die Schwerkraft der Worte,
unausweichlich.
Ein Riß
zwischen Nacht und Tag,
gewaltfrei herbeigeführt,
wie der plötzlich
alles erhellende Blitz.

Spurensicherung.
Die Scherbe blitzt.
Gedanken tröpfeln.
Es bleibt ein bitterer
Geschmack zurück
und die Asche in deinem Mund.

**FRÜHLING**

Blühender Baum,
                schreiender Schmerz.
Ein Stückchen Bläue
hat sich müde vorgekämpft.
Da falle ich hinein
und segle davon.

Die Erde
hält mir wieder
ihren Brautschleier hin.
Wie jedes Jahr
spielen wir blinde Kuh.

Wir erwachen
zu neuem Sterben
und pflügen
die totgebrannte Erde.
Doch die Zweige
tragen uns hinauf
in den Schoß
einer nie welkenden Sonne.

## FRÜHLING II

Ich schütte
mein Herz
in den Graben,
den der Frühling aufgerissen.
Flammende Forsythien,
zerberstende Magnolien
sprengen die Gärten über
den dünn gewordenen Horizont hinaus.

Ich trinke nicht aus
die Schale,
die man mir reicht,
bis der Himmel
sich blutrot färbt
und sein Gesicht verliert.

Die Lieder
zersplittern lautlos
wie künstliches Glas.
Die Gärten
grünen aus purer Willkür.
Meine Augen
suchen
einen altgewordenen Duft.

\*\*\*

Und als er
in seinem siebten
Jahr stand,
schien ihn die Sonne
aus ihrer Bahn
geworfen zu haben,
und die Sterne
fielen herab,
als verließen sie
den dunklen Ort
des Geschehens.

Und der Wind
erstickte ganz langsam
in den vogelleeren Bäumen.
Die Blüten neigten
willenlos die Köpfe
und vergossen ihren ganzen Duft
in die alles vergessende Erde.

Und das Schweigen
wurde unumgänglich
und war sogar erwünscht.
Die surrende Stille
bot Bilder und Gerüche
und schrie gegen
dieses leere Gedächtnis an
und versuchte sich im Erzählen
einer sich endlos wollenden Geschichte.

Und sie, die ihn
geboren hatte,
wurde immer stärker,
doch immer kleiner.
Und sie schmeckte nicht mehr
die im Herzen
und auf den Lippen
brennende Frage,
weil sie von nun an
ein wenig,
ein ganz klein wenig
erloschen war.

## PST, UNSER KINDCHEN SCHLÄFT

Pst, unser Kindchen schläft.
Die Kastanienbäume
haben ihre Kerzen
verloren.
Der Wonnemonat
vertröpfelt.
Wenn unser Kindchen
wieder aufwacht,
steht der Sommer
in der Tür,
klatschrot und
unbeherrscht nach Leben
schnappend.
Pst, unser Kindchen
schläft
in den Armen eines zögernden
Frühlings.

## WIR

Wir tanzten
einen alten Tanz,
bis in den
Morgen hinein,
der einäugig
und fahl
auf uns niederblickte
und nickte und nickte.

Unsere Worte
flogen von Mund zu Mund.
Berühr nicht
den Schmetterling,
sonst zerfällt er zu Staub;
erspar uns
den Schmetterlingstod,
mein Lieber!

Im Kommen und Gehen
der Jahre,
Koffer wechsel dich.
Ich möchte drin wohnen
in der Schale
deines rauhen Kerns.

## AUS GRAUEM NEBEL

Aus grauem Nebel
gezimmert,
wiegt deine Gedankenwelt
schwer
wie eine Feder,
die lautlos zwischen uns
hin- und herschwebt.

Im mystischen
Grau deiner Augen:
versunkene Reiche.
Das Augenlid flackert
und sucht zurückzukehren
an die Gestade
unserer Anfänge.

Lange reichte
die Liebe hin.
Reicht sie von einem
zum anderen
Ende der Welt?
Ich möchte dir
für immer
auf der Spur sein.

## MADAME BOVARY

Ich bin nicht
madame Bovary.
Nebelverhangen,
sinnsuchend,
die Augen.
Verschwörung der Wiesen,
Felder und Stadtmauern.
Das Morgengrauen
schlägt nicht um
in ersehntes rosenfingriges Glück.
Auf der Türschwelle:
nur eiskalter Hauch.
Sie pflückte das Leben
Blatt für Blatt
und verwarf das Lesbare
zwischen den Zeilen.
Der Lockruf aus dem Wald
mißtönend und bitter.
Umarmungen bald
nur noch im Schattenreich.
Der bleiche Mund,
unentschlossen und wild,
preßt die letzten Worte
zusammen, für immer.
Es fehlte an allem,
doch dies war zu viel.
Je ne suis pas
madame Bovary.

\*\*\*

Als die Vögel
tot vom Himmel fielen
und der Tag
abends verblutete,
wußte ich, daß der Sommer,
der tödlich Verwundete,
endgültig vorbei war.

Meine Trauer
weint nicht mehr.
Still
denkt sie nach
über ihre neue Rolle.

**NUIT INDIENNE**

Duft, Name, Bild.
Mosaiksteine
versenken sich ahnungslos
inmitten
lebender Spuren.
Ich halte fest
an der Kühle, am eisigen Blau,
an traumverlorenen Blicken,
am verwaschenen Himmel,
an der Festigkeit
unserer Willensentscheidungen.
Ich halte fest
an ebenen Gefühlen,
die am Rande
einer neuen Nacht
zu zersplittern drohen.
Ich tauche auf
und schüttle den Kopf,
kristallene Tropfen
schmücken meine Haut
nach einer langen indischen Nacht.

## MARROKO

Der Tanz
um das goldene Kalb.
In falscher
Beduinentracht
haben sie uns angelockt.
Sie umzingeln uns
und ziehen uns hinab
in ihre wilden,
trommelnden Tänze.
Dann geben sie
uns zu essen.
Die Hände besorgen alles.
Wir nehmen teil,
doch nicht Anteil.
Die Kasbah ist
ohne Vergleiche;
es gibt keine Ausflüchte.
Am Vortag
waren wir in den
dürstenden Tälern,
alleine.
Glutrote Kasbahwände,
rot wie der Scirocco,
der stumm und wild
das Land durchstreift.
Die Dünen
führen zum Meer,
es bleibt uns eine
weitere Antwort schuldig.
Wir kehren zurück
zu den Städten, zu den Märkten,
rot und braun.

\*\*\*

Wir mögen
keine langen Geschichten,
sagte der alte Mann,
etwas mürrisch,
indem er seinen
mitgebrachten Stuhl
zusammenklappte.
Er hatte gerade
die Langsamkeit
neu entdeckt.

## FÜNF GEDICHTE
## ÜBER DIE UNAUSWEICHLICHKEIT
## DER LIEBE


Ausgestreckt
unterm Himmel
die Liebe befragen
und dabei
die feuchte Erde
befühlen.


In der Blume
deiner Hand
den Tag
aushauchen.


Meine Schritte
durch den Garten
dieser Liebe,
ich höre sie,
mal laut,
mal leise,
sie haben nichts
Befremdliches mehr.


Wenn uns
die Mutter
ihr Lachen weitergibt,
getränkt
von Blut und Tränen,
ist uns
ihre steinerne Liebe
gewiß.

Hand
in Hand
schlendern
können wir nicht.
Die Hände
sind uns gebunden
durch
einen Treueschwur.

**ROTER MOHN**

Ich liebe
den papiernen Mund
der Mohnblume.
Sie windet
sich nicht,
schenkt mir
den Kuß des Lebens,
dreifach,
bevor sie faltig,
aber unzerknirscht
in meiner Hand
stirbt.
Rot ist der Kuß
des Sommers,
den ich nie gesucht,
aber fraglos erhalten,
den ich in mir trage
seit den verblichen
Kindertagen,
ohne es gewußt zu haben.
Roter Mohn
auf den Lippen
und in den Haaren,
roter Mohn,
wie ein wilder,
statthafter Rausch.

**NICHTS IST WIE EHEDEM**


Nichts ist wie ehedem.
Die Blüte
krampft sich zusammen
und entläßt
ihre Klagelaute.
Der Duft
ist nicht mehr wahrnehmbar.
Der Duft,
den ich betörend fand,
der Duft,
der uns umgab
am Rande
einer zerberstenden Welt.

Nichts ist wie ehedem.
Wir haben das Wort gebrochen.
Gehirnsplitter
drängen in mein Fleisch
und höhlen aus
die reife Frucht,
den roten Granatapfel.

Nichts ist wie ehedem.
Woher nehme ich,
wenn es Nacht wird,
die Kraft,
und den Glanz
und die Zuversicht?

**HERBST III**

Anemonen,
        Astern,
                Chrysanthemen,
mein Werdegang
durch den Herbst.
Der Nebel schneidet mir
keine Gesichter;
ich wünschte,
er täte es.
Der Gesang ist verstummt,
im Feuer
knistern die Kastanien.
Meine Einsamkeit
neben der deinen.
Das Gold
der letzten Jahre
versickert in alten, mit rauher Kehle
vorenthaltenen Liedern.

## EIN VOGEL

Ein Vogel
setzte sich
        auf meine Schulter
und flüsterte mir
        Wohlbehagen zu.
Ich schrie ihm
        ins Gesicht,
ich bräuchte seine Lügen nicht.
Am nächsten Tag
war der Vogel verschwunden,
aber am Himmel
zog sich eine
rosenfarbene Spur entlang,
die den Morgen erleuchtete.
Ich weiß,
        ich bin nicht tierlieb,
das ist mein Fehler.

**ICH HABE MEINE WÖRTER VERLOREN**


Ich habe
        meine Wörter verloren,
die schönen, klangvollen,
                schwingenden,
die von Milch und Honig,
die den Duft eines
lang anhaltenden Sommers
in sich tragen.

Ich habe
        meine Wörter verloren,
die voller Trost und Zuversicht,
die mich umrankten,
wenn ich zu fallen drohte,
die Wörter,
die mich begleiteten
in ihrer schillernden Unverwechselbarkeit.

Ich bin auf der Suche
nach einer neuen Sprache,
die den Schmerz begreift.

**IM NIEMANDSLAND**

Im Niemandsland
schwebst du,
gesichtslos;
dein Mund
eine große klaffende Wunde,
in die du mich hinein-
stoßen möchtest.
Die weiße Lilie
liegt dahingestreut, zerknittert;
sie trägt rote Flecken.
Rot war die Farbe
des Mohns
und seiner großen Leuchtkraft,
rot war der Kuß des Lebens.
Das Rot ist jetzt immer da.
Es bedeckt
mein lachendes und
mein weinendes Auge.
Ich sehe dich nicht.
Ich werde dich
aller Namen berauben.
Nur in diesem Augenblick
wirst du Sprache,
im Niemandsland.

**ES IST SO KALT**


Es ist so kalt.
Ich habe dich
        auf die Reise geschickt.
Wird er's mir verzeihen?
Wirst du irgendwann
dein Recht einklagen,
in Vollmondnächten,
wenn das Herz nicht
                ruht,
wenn es rast
und um die ewig gleiche
Frage kreist?

Am Gestade flackert
ein Lichtchen,
das nicht ausgehen will,
obwohl es so kalt
und der Wind so unerbittlich ist.
Es flackert und duckt sich
und bleibt doch beständig
in dieser kälter werdenden
Nacht.

## ENGELSGESICHT

Engelsgesicht
hinter den Eiskristallen.
Schöne Blume des
                              Todes,
wenn ich dich anhauche,
zerfließt du mir,
ohne Widerstand
zu leisten.
Der Weg ist frei,
dir mein frostiges Herz
vor die Füße zu werfen.

**BLAU**


Blau
ist mein stummer Kristall,
der mich nie verläßt,
blau,
sein gehauchtes Licht,
von dem ich trinke,
wenn ich zu fallen drohe.

Blau sind meine Augen,
blau ist mein Herz,
blau ist alles, was
kühl und doch schön ist,
blau, ohne zu alternieren.

Blau ist mein Tag,
blau ist meine Nacht,
blau ist der Himmel,
oberhalb der ständig
wechselnden Erde,
die ihr Kleid lässig abwirft,
wenn sie dringend ein neues braucht.
Blau ist der Gesang der Sterne,
wenn ich mich nach der letzten
Umarmung sehne.

Blau sind die
Geheimnisse,
die in allen Sprachen
geflüstert werden.
Blau ist das
alte Lied der Liebe,
das uns verbindet
von Anbeginn an.

**ADVENT**

Nach einer langen Zeit
zünden wir
die Kerzen wieder an,
wärmen uns am hellen
Schein
und all den schönen
Sachen,
die soviel Freude
machen.

Plötzlich wurde
nichts mehr fraglos
hingenommen.
Plötzlich ging ein
Riß mitten durch die
Welt,
und wir standen sehr
vereinzelt da.

Wir hüten das Feuer,
das heilige,
und achten nicht
der dahinfließenden
Zeit.
Wir lassen sie einfach
ganz sanft und still
Gestalt annehmen.

**ABSCHIED**
für Christiane J.


Es weht ein kleiner
Wind
müde von der Bucht
herüber.
Er heult nicht,
er singt nicht,
er flüstert unhörbar leise
Geschichten.
Wir umklammern
den Kristall der Jahre,
das Lachen,
das nicht zerbricht.
Wir streuen
die Saat der Tage,
auf daß sie aufgehe und
fortgetragen werde.

## DIE GOLDENEN SCHUHE

Ein Leben lang
tanzte ich in
goldenen Schuhen.
Nun sind sie zu Staub
zerfallen
und die Füße schmerzen mir.
Ich kann dich auch
kaum auffangen,
habe ich dich doch nie
auf Händen getragen.
Vielleicht werde ich dir
von den Reisen erzählen,
von den Farben und Gerüchen
bis ans Ende dieser Welt,
von den Bildern, die niemals
erlöschen, von den magischen,
und dich mit dem Lächeln zieren,
das dem Überwinder ziemt.

Ich stelle dir nachts einfach
die goldenen Schuhe raus.

\*\*\*

Wir sterben
die kleinen Tode,
messerscharf.
Der Himmel
verdeckt sein Antlitz,
im Morgen
lauert nichts Gutes.
Immer wieder
sind wir auf der Suche
nach dem schönen Mord.
Der Alltag
schenkt uns sein schnödes Gesicht.
Einmal leben
und verglühen,
wie ein nie dagewesener
Komet!

**ANACONDA**

Anaconda,
großer, grüner Strom.
Farben,
die mein Auge
verglühen lassen.
Mund, Herz, Lunge
hineingepreßt
in den großen Atem
der Erde.
Anaconda,
flüsterndes Blei,
wiegst meine Seele in
Unsicherheit.

\*\*\*

Deine Augen
sind meerkatzengrün.
Die Welle bricht sich
und hinterläßt
sagenhaften Schaum.
Der Himmel
zürnt mir nicht mehr
und zeigt sein reingewaschenes Blau.
Die Zeit fügt sich
und vergißt die nie
dagewesenen Wunden.
Es ist alles
viel stiller geworden.

\*\*\*

Du mußt mich
immer daran erinnern,
an meine Traurigkeit.
Sie ist flatterhaft,
gibt sich dem Frühling hin,
ohne nachzudenken.
Die Leute fangen an
zu defilieren
und haken sich bei ihm ein.
Sicherlich haben sie
lauter gute Nachrichten.

Du mußt mich
immer daran erinnern,
an unser Abkommen.
Mein Atem in deinen Körper,
Zug um Zug.
Es war nie der letzte.
Wir haben auch Anteil
am Frühling und am Herbst.
Es leuchtet von weitem
der brennende Busch.

**FRÜHLING III**

Das Wort, das schöne,
schläft.
Blüten schimmern.
Schweigend
steigst du hinauf:
im Schleier
lächelt dir
das Licht.
Es ist noch
Schonzeit.

\*\*\*

Krypta
meines Herzens,
was schweigst
du so beharrlich?
Wenn die Frühjahrswinde
alles in Brand stecken,
verweigerst du mir
die lodernde Antwort.
Es brennt, es brennt,
doch mich
dürstet nicht
nach Wasser, noch nach
Regen,
der unweigerlich in die
Traufe führt.
Es züngelt
im wild blühenden
Osterbusch,
es züngelt
unter der Haut,
in den Augen,
es züngelt
in der Krypta
meines Herzens,
stumm und doch
begehrlich.

**DIE STERNE**

Schritt
für Schritt
holen wir die Sterne
vom Himmel
und lassen dann
alles kometenhaft
wieder
zurückschnellen.

## APFELBAUMBLÜTEN

Apfel-
baum-
blüten-
schnee
möchte ich
festhalten,
alle vier
Jahreszeiten
hindurch.

\*\*\*

Ich suche
eine Hülle
für das Wort, das ungeborene.

Das Silber
wird schütter,
das Gold unerreichbar.

\*\*\*

Wenn der Hahn
dreimal kräht,
verliere ich
meine Augen,
meine Ohren,
meinen Mund,
und der Regenbogen,
der zarte,
ist zu Fall gekommen.

Wenn der Hahn
dreimal kräht,
habe ich den
Silberling im Ohr,
den Klang,
der mich einlädt,
den Klang, an dessen
Klinge
ich mich schneide.

Bevor der Hahn
zum dritten Mal kräht,
drehe ich ihm
den Hals um,
nehme mein Kind,
und wir rutschen
auf die andere Seite
des Regenbogens.

**TOSCANA**


Das Rot schmeckt mir
und auch das Grün,
das fließende,
wenn der Himmel
niederkniet,
um sie zu begrüßen
in einer wilden Umarmung.

Im Frühling:
Akazienduft und Rosenranken.
Im Frühling
flüstert sie noch
im silbrigen Hauch
der Olivenhaine.

Die Zeit
hat ihr anderes
Gesicht gemeißelt,
unbeweglich,
unbeeindruckt vom
großen Strom.
Manchmal gelingen
ihm stumme Geschichten
aus Stein.

Es ist immer
ein Abschied,
es ist immer
eine Hoffnung.
Die Zeigefinger Gottes
weisen
den Weg.

## DAS FLEISCH DER ORCHIDEE

Meine Orchidee
atmet,
in ihren Adern
pulsiert das Blut
unerfüllter Tage.
Meine Orchidee
schreit und verwünscht,
meine Orchidee
läßt sich
streicheln und beglückwünschen.
Wenn ich sie
betrachte
– unverhohlene Schönheit –,
bleibt der Spiegel
leer,
wie dunkles Gewässer.
Meine Orchidee
zieht mich hinauf und hinab.
Orchideen
sind fleischfressende Pflanzen.

**SOMMER '95**

Wir ruhen
in dem Grün,
das uns das Gewitter
neu schenkt.
Mit reingewaschenen
Gesichtern
halten wir fest
an einem Stück Vergangenheit
und werfen es dann
in die Waagschale,
die nichts benennt,
noch verschweigt.

Wir lieben
das unsachte Spiel
des Windes
– Erinnern und Vergessen –,
schließen
die brennenden Augen
und trinken
das Salz auf der Haut,
Perlen
aus frischem Tau.

## PORTUGIESISCHE KÜSTE

Ich bin, die ich bin.
Die Sonne
meißelt Geschichten und
Bilder
in den Wellengang
des Meeres,
in das Antlitz der Felsen
haucht sie
Vergangenes, Verlorenes hinein.

Der Schrei der Möwe
durchquert
mein Innerstes.
Kindheitssplitter,
dösender Sommer,
der Kuß der Sonne,
die ins Meer fällt,
das Segelboot,
das hinter einer
vollkommenen Orange
verschwindet.

Die Felsen,
meeres- und sonnenfarben,
gewähren den
langmütigen Möwen Heimstatt,
die Felsen,
sonnen- und meeresfarben,
umarmen
die leeren Grotten,
in denen die See
leise schluchzt.

\*\*\*

Aufgehoben
in der Höhle meiner
Hand,
aufgehoben
in den Kammern meines
Herzens,
aufgehoben
in der Schale meiner
Seele.

Nie alleine,
nie losgelassen,
nie preisgegeben
dem Wind und
dem Sturm.

Immer fragend,
immer suchend,
immer bewahrend,
auch wenn der Tag
zu zersplittern droht.

\*\*\*

Meine
einsame Blüte
auf steinernem Grunde.
Wie liebe ich dich!
Wie schütze ich dich?
Ein eisiger Atem
umhüllt dich
und droht dich
niederzureißen.
Doch meine Blüte,
du hast nicht
auf Sand gebaut;
ich bin dir Sonne
und Mond zugleich.

**KINDER**

Kinder
sind das Leben.
Gebündelt
fällt ein Lichtstrahl
auf steinigen Boden.
In meinem
Schoß
das Staunen der Sterne.

Kinder
sind das Leben.
Die Nacht
erblüht zu neuem,
frischem Tau.
Wir kämpfen in den Wolken und
auf der Erde.

Kinder
sind das Leben
und das Salz
der Erde,
das in unsere
selbsternannten Wunden
zurückfließt.

## AUF EINER LICHTUNG

Wir stehen
auf einer Lichtung.
Wir befinden uns immer
auf einer Lichtung.
Der Wald ist teilweise
gerodet,
er zeigt seine Eingeweide.
Die Sonnenstrahlen
scheinen richtungslos
und doch wärmend.
Ist es wie
eine Rast auf langem,
schmerzhaftem Wege,
oder ist es wie
das Ende, das ewige,
zwischen Tal und Berg?
Unsere Schritte
tragen uns weiter,
irgendwann,
wenn wir nicht
nachlassen ...

\*\*\*

Deine Haut
ist wie
Karamel und
Melisse.
Deine Augen
üben sich noch
im Widerspiegeln,
wie deine Worte,
die unerhörten,
nicht ungehört verhallen.
Deine Haare
brauchen nichts
als den Kuß der Sonne,
spielerisch
träumt sie sich fest.

Wir vergessen
die Klänge, die harten,
die uns ins Fleisch schneiden
und die messerscharfen
Silben, die wir anhäuften,
bevor Worte
daraus hervorsprudelten.

Wir vergessen
und haken uns ein
bei unserem neuem,
wohltemperierten Glück.

**A CONSOMMER DE PREFERENCE
AVANT LE ...**


Rasch und gründlich,
das Fünf-Minuten-Glück,
glimmt auf,
verrauscht, verraucht,
als wäre nichts ...
Doch immer wieder,
immer häufiger,
immer dringender,
Farben riechen,
Düfte glühen,
der Schall
verläßt uns nicht,
wo wir auch hingehen,
von beiden Seiten,
von allen Seiten,
gut aufgehoben,
immer häufiger,
immer dringender,
das Du zersplittert,
am Rande,
das Ich: übergeführt.
Glas, Plexi,
elektronisches Glück.
So etwas wie Liebe?
Nie alleine,
alles in Reichweite,
für eine Handvoll
Schweigen.
Nicht vergessen:
immer wieder,
immer häufiger,
à consommer de préférence
avant le ...

**ERNTEDANKFEST**


Wer pflückt
die reifende Frucht,
wer läßt
den runden Klang
noch eine Weile ruhen,
wer trägt
die Farben eines
vollendeten Sommers
auf der Zunge?

Wir sammeln
das Gold auf,
das uns die letzten Jahre
hingeschüttet haben.
Die Zeit trägt
ihr feines herbstliches
Lächeln.

Im begütigenden
Sonnenlicht
ruhen wir,
wohlwollende Umarmung.
Nichts in uns
ruft mehr,
nichts in uns hallt mehr.

\*\*\*

Mein
chronometrisches Leben,
hart an hart,
ohne weiche Fügungen,
ohne einen Sonnenstrahl
der langen Weile.

Ruhen möchte ich
auf meinen überkreuzten Armen,
ruhen und
der Stimme der Zeit
lauschen,
wenn sie im
Vogelgeäst wohnt
oder das
dunkle Gesicht
des Wassers irisiert.

Mein Leben,
eingeteilt in
Unbenennbares,
dunkle, plötzlich aufgehellte
Schatten,
sich ewig neu gebärend,
mein Leben sucht
Zuflucht
an den Ufern
der Stille.

## MANCHMAL

Manchmal
mache ich Urlaub
vom lieben Gott.
Doch die
Wiesen
wünsche ich mir
genauso grün wie
in seiner Phantasie,
den Kristall
der Gewässer
nicht weniger himmlisch
als ehedem.

Manchmal
mache ich Urlaub
von Ihm
und sonne mich
in der Gewißheit,
daß alles Glück
nur von kurzer
Dauer ist.

Manchmal
denke ich,
daß es Zeit ist,
zurückzukehren
in die Finsternis
und in den Sturm,
wo Er immer noch
steht.

## INHALT

| | |
|---|---|
| Was auch geschehen mag | 5 |
| Dezemberkinder | 6 |
| Januar 1991 | 7 |
| Frühjahr | 8 |
| Rosen | 9 |
| Kirschbaumblüten | 10 |
| Es schmeckt so bitter | 11 |
| Wechselrede | 12 |
| Im Mai | 13 |
| Vogelzeichen | 14 |
| Carpe Diem | 15 |
| Seerosen | 16 |
| Sommer | 17 |
| Worte | 18 |
| Meine Tochter | 19 |
| Ein Tag im Tessin | 20 |
| Tessin | 21 |
| *** (Wenn du alleine bist ...) | 22 |
| Immer wieder | 24 |
| September | 25 |
| Freilichtmuseum | 26 |
| Die Kinder sind immer da | 27 |
| Herbstschauder | 28 |
| Gran Canaria | 29 |
| Das Meer | 30 |
| So etwas wie Glück | 31 |
| Nichtsahnend | 32 |
| Seerosen | 33 |
| Mein Sohn in den Kinderschuhen | 34 |
| *** (Wenn der Mohn ...) | 35 |
| Mein Haus | 36 |

| | |
|---|---|
| *** (Immer wenn du stirbst ...) | 37 |
| Kärtner Blau | 38 |
| Meine Tochter | 39 |
| Herbst | 40 |
| Die Frauen | 41 |
| *** (Mein Leben ist wie Samt ...) | 42 |
| Melancholia | 43 |
| Januar | 44 |
| An meine Tochter | 45 |
| Meine Tochter | 46 |
| Der Mond ist uns nicht gewogen | 47 |
| Annette am Ufer | 48 |
| Dies Land ist mein Land | 49 |
| Riva del Garda | 50 |
| Herbst II | 51 |
| *** (Du bist mein einziger Traum ...) | 52 |
| Winter | 53 |
| Regensburg | 54 |
| Mein Kind | 55 |
| Abschied | 56 |
| Frühling | 57 |
| Frühling II | 58 |
| *** (Und als er ...) | 59 |
| Pst, unser Kindchen schläft | 61 |
| Wir | 62 |
| Aus grauem Nebel | 63 |
| Madame Bovary | 64 |
| *** (Als die Vögel ...) | 65 |
| Nuit indienne | 66 |
| Marroko | 67 |
| Fünf Gedichte | 69 |
| Roter Mohn | 71 |
| Nichts ist wie ehedem | 72 |
| Herbst III | 73 |

| | |
|---|---|
| Ein Vogel | 74 |
| Ich habe meine Wörter verloren | 75 |
| Im Niemandsland | 76 |
| Es ist so kalt | 77 |
| Engelsgesicht | 78 |
| Blau | 79 |
| Advent | 80 |
| Abschied | 81 |
| Die goldenen Schuhe | 82 |
| *** (Wir sterben ...) | 83 |
| Anaconda | 84 |
| *** (Deine Augen ...) | 85 |
| *** (Du mußt mich ...) | 86 |
| Frühling III | 87 |
| *** (Krypta ...) | 88 |
| Die Sterne | 89 |
| Apfelbaumblüten | 90 |
| *** (Ich suche ...) | 91 |
| *** (Wenn der Hahn ...) | 92 |
| Toscana | 93 |
| Das Fleisch der Orchidee | 94 |
| Sommer '95 | 95 |
| Portugiesische Küste | 96 |
| *** (Aufgehoben ...) | 97 |
| *** (Meine einsame Blüte ...) | 98 |
| Kinder | 99 |
| Auf einer Lichtung | 100 |
| *** (Deine Haut ...) | 101 |
| A consommer de préférence avant le ... | 102 |
| Erntedankfest | 103 |
| *** (Mein chronometrisches Leben ...) | 104 |
| Manchmal | 105 |

## PATRICIA GUNKEL – BIOGRAPHISCHES

- Geboren 1955 in Paris, in Frankreich und Deutschland aufgewachsen.
- Studium der Germanistik, Romanistik und Komparatistik.
- Unterrichtete deutsche, französische und vergleichende Literaturwissenschaft an der Universität Mainz.
- Verheiratet, zwei Kinder.
- Schreibt seit zehn Jahren Lyrik und seit zwei Jahren Prosa. Verarbeitet in ihren Werken die europäische Tradition; pflegt darüber hinaus eine ganz eigene Bildersprache, die sich oftmals mit hochbrisanten Themen verknüpft. So kann Lyrik sowohl magisch-beschwörend als auch aufrüttelnd sein.
- Arbeitet zur Zeit an einem Erzählband und einem kleinen Roman.
- 1998 erschienen Texte der Autorin in der Anthologie »Roter Mohn« der Insel-Bücherei (Insel-Verlag).
- 1999 wurde der zweite Lyrikband »Gezeitenfieber« fertiggestellt.

© 2001 by Offenbacher Editionen
Alle Rechte bei der Autorin
Satz und Herstellung: Berthold GmbH, Offenbach/Main
Schrift: ITC Quay Roman und Bold
Umschlaggestaltung: Berthold GmbH
 unter Verwendung von:
 Georgia O'Keefe: Mohnblume, 1927
Printed in Germany
ISBN 3-9806334-4-6